잔망루피

잔망루피의 **단짠단짠** 일상

대원앤북

잔망루피

잔망루피의 **단짠단짠** 일상

글 **조각달** ― 그림 **아이코닉스·한혜연**

하하하하

대원앤북

잔망루피

잔망루피는 〈뽀롱뽀롱 뽀로로〉의 루피 캐릭터가 가지고 있는
다양한 성격 중 익살, 잔망스러움을 과장한 루피의 부 캐릭터입니다.
MZ세대가 자발적으로 루피 콘텐츠를 만들어 소비하고
공유하는 과정에서 잔망루피에 대한 관심과 인기가 증가하였고
카카오 이모티콘, 잔망루피 공식 인스타그램(@zanmang_loopy), 다양한 브랜드
콜라보레이션을 통해 솔직하고 당당한 매력을 보여주고 있습니다.

고냥패티

에바에디

포비빅

크크롱

CONTENTS

1장
일상
~
10

2장
알바
~
38

3장 MBTI ~ 58

아이고 배야

4장 MZ오피스 ~ 102

때려 칠래

1장
일상

오이마켓 (2)

... 그게...

오이마켓 (3)

주말 나들이

딥-슬-립

주말 보람차게 보내기

… 보람찬 주말 시작!

평범한 주말

오이마켓에서 이상한 사람을 만나다.

2만 보 걷고 1kg 추가.

"금일 재료 소진으로 영업을 마감합니다."

부먹찍먹

그게 중요해?

2장
알바

주문 ①

리얼 초코쿠키 앤 딸기 스무디

아이스 아메리카노

리얼 초코쿠키 앤 딸기 스무디

아이스 아메리카노

주문 (2)

단체 주문 들어왔나 봐!

아령의 용도

함박웃음

3장 MBTI

아이고 배야

네, E 이제, N 누워서,
T 티비 보다가, J 자고 싶다 에요.

햄버거 패티 먹고 싶다….

도넛 집에서 도넛 잔뜩

편의점에서 과자 잔뜩

휴일 준비 완료!

계획적인 루피 (2)

패션 유행은 보통 20년 주기로 돌아옵니다.

즉 지금 입는 옷들을 20년쯤 후엔 또 입을 수 있다는 거죠

그렇다면!

20년 뒤에 입을 옷 왕창 구매 완료

계획

속담

공부

우리는 왜 태어나는 걸까?

저 우주의 끝에는 뭐가 있을까?

오염되는 환경을 위해 우리는 무얼 할 수 있을까?

루피 너... 시험 공부하기 싫구나?

기말고사 D-1에 대청소 완료

시험 성적

D eveloped(발전한)

C ommon(보통)

B ad(나쁜)

A wful(끔찍한)

루피의 성적표

결과 : 전액 등록금

4장 MZ오피스

때려칠래

포기

계절을 알 수 없는 옷차림

아티스트

별똥별

어 별똥별이다!

루피야 우리 소원 빌자

알잘딱깔센

첫 월급

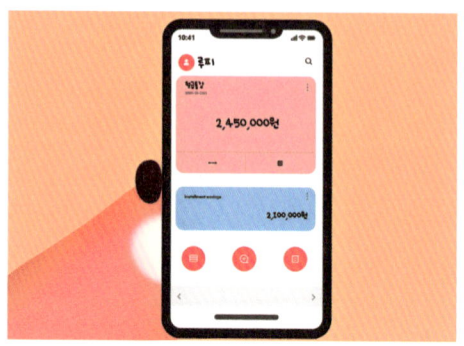

재테크 앱

그래! 카드랑 앱을 연동해서 지출 관리를 하면 좀 나아질 거야

이번 주엔 지난 주보다 간식/외식 분야에서 3만원을 더 쓰셨네요.

이번 주엔 지난 주보다 야식/배달 분야에서 4만원을 더 쓰셨네요.

루피 재테크 앱 삭제

피자

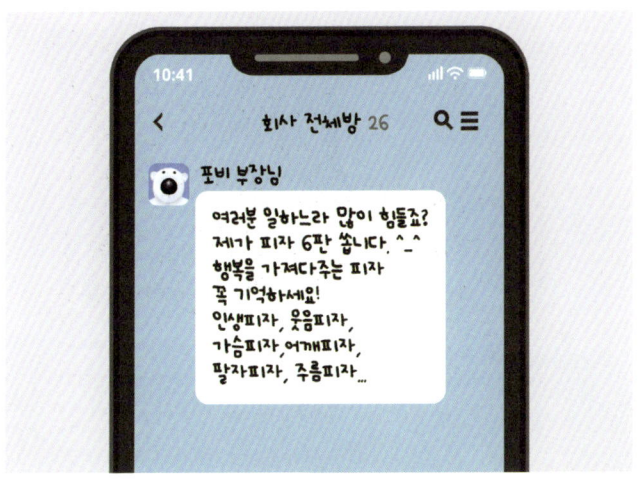

개그

저는 부장님 좀 칠게요.

칼퇴는 못 참지!

하루종일 싱글벙글

침대에서 일어나면서 싱글벙글

만원 지하철에 끼여서도 싱글벙글

월요일이지만 싱글벙글

오늘은! 월급 들어오는 날

그래 다 잊자

혼자 짜증 내면 뭐해.

푹 자고 나면 기분도 풀릴 거야

불 끄고 누운 루피

우씨

유선 이어폰을 끼고 일하는 크롱

수수께끼

정답은! 루피입니다.

잔망루피
잔망루피의 **단짠단짠** 일상

2022년 2월 20일 1판 1쇄 발행
2025년 3월 25일 1판 6쇄 발행

글 조각달 **그림** 아이코닉스, 한혜연
발행인 황민호
콘텐츠3사업본부장 석인수
책임편집 박은영
디자인 루기룸
발행처 대원씨아이㈜ www.dwci.co.kr
주소 서울특별시 용산구 한강대로 15길 9-12
전화 영업 02-2071-2066 / 편집 02-2071-2155
팩스 02-794-7771
1992년 5월 11일 등록 제3-563호

979-11-7245-106-6 07810

잔망루피
© ICONIX / OCON / EBS / SKbroadband
※본 제품은 ㈜아이코닉스와의 정식 계약에 의해 대원씨아이㈜에서 제작, 판매하는 것으로 무단 복제를 금합니다.

©2021 최재완/ICONIX/대원씨아이

- 이 작품은 저작권법에 의해 보호를 받으며 본사의 허가 없이 복제 및 스캔 등을 이용한 무단 전재 및 유포·공유의 행위를 할 경우 그에 상응하는 법적 제재를 받게 됨을 알려드립니다.
- 잘못 만들어진 책은 구입하신 곳에서 교환해 드립니다.